Texte de Sonia Sarfati
Illustrations de Christine Delezenne

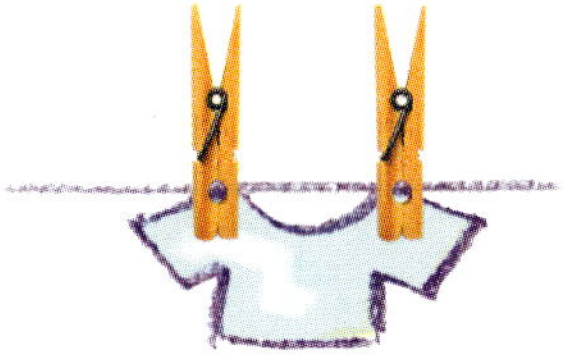

Drôle de peau pour un cabot

la courte échelle
Les éditions de la courte échelle inc.

Les éditions de la courte échelle inc.
5243, boul. Saint-Laurent
Montréal (Québec) H2T 1S4

Conception graphique:
Elastik

Révision des textes:
Lise Duquette

Dépôt légal, 2e trimestre 2002
Bibliothèque nationale du Québec

La courte échelle reconnaît l'aide financière du gouvernement du Canada par l'entremise du Programme d'aide au développement de l'industrie de l'édition pour ses activités d'édition. La courte échelle est aussi inscrite au programme de subvention globale du Conseil des Arts du Canada et reçoit l'appui du gouvernement du Québec par l'intermédiaire de la SODEC.

La courte échelle bénéficie également du Programme de crédit d'impôt pour l'édition de livres — Gestion SODEC — du gouvernement du Québec.

Données de catalogage avant publication (Canada)

Sarfati, Sonia

Drôle de peau pour un cabot

Pour enfants.

ISBN 2-89021-496-6

I. Delezenne, Christine. II. Titre.

PS8587.A376D76 2002 jC843'.54 C2002-940338-3
PS9587.A376D76 2002
PZ23.S27Dr 2002

Pour Lou Victor et Ulysse qui,
déjà à cinq ans, ont mis la patte
à la pâte pour nous donner
un coup de main.

Bichouki

Loulou sait bien que son chien Bichouki a un problème: il ne remplit pas sa peau. Son papa, sa maman, son frère Julien, sa sœur Sophie lui ont pourtant dit de ne pas s’inquiéter. Que Bichouki était tout à fait normal pour un chien shar-pei. Parce que tous les shar-pei ont l’air de porter une peau trop grande pour eux.

Mais Loulou sait qu’ils se trompent. Pour son cinquième anniversaire, ils lui ont offert un chien cassé, c’est tout. Et lui, il va le réparer.

32

Loulou a eu sa première idée de réparateur de Bichouki grâce à maman. Elle retirait le chandail de laine de papa de la machine à laver. Il était devenu tout petit. Si petit que Loulou aurait pu le mettre… mais en tirant très fort pour faire passer sa tête.

Quand maman est sortie de la salle de lavage, Loulou y est entré avec Bichouki. Il était en train de mettre son chien dans la machine lorsque maman est revenue.

Et Loulou a bientôt compris
qu'il n'avait pas eu une
bonne idée.

Loulou a eu sa deuxième idée de réparateur de Bichouki grâce à papa. Il gonflait le pneu à plat du vélo de Julien avec une pompe.

Quand papa est sorti du garage, Loulou y est entré avec Bichouki. Il était en train de mettre le tuyau de la pompe dans la gueule de son chien lorsque papa est revenu.

Et Loulou a bientôt compris
qu'il n'avait pas eu
une bonne idée.

Loulou a eu sa troisième idée de réparateur de Bichouki grâce à Julien. Il remettait de la rembourrure dans la poupée de chiffon de Sophie. Elle était toute déformée et toute molle depuis que Julien l'avait opérée de l'appendicite.

Quand Julien est sorti du salon, Loulou y est entré avec Bichouki. Il était en train de forcer son chien à manger de la rembourrure lorsque Julien est revenu.

Et Loulou a bientôt compris
qu'il n'avait pas eu une bonne idée.

Loulou a eu sa quatrième idée de réparateur de Bichouki grâce à Sophie. Elle défroissait le tablier mauve, la robe jaune et le chemisier rouge à pois blancs de grand-maman Mina avec un fer à repasser.

Quand Sophie est sortie de la chambre d'amis, Loulou y est entré avec Bichouki. Il essayait de rebrancher le fer pour repasser son chien lorsque Sophie est revenue.

Et Loulou a bientôt compris
qu'il n'avait pas eu une
bonne idée.

Loulou a eu sa cinquième idée de réparateur
de Bichouki grâce à Mina.

Elle se mettait une crème magique sur le visage
pour que ses rides disparaissent et que sa peau
redevienne bien lisse.

Quand Mina est sortie de la salle de bain, Loulou y est entré avec Bichouki.

Il avait vidé la moitié du pot de crème sur la tête de son chien lorsque Mina est revenue.

Et Loulou a bientôt compris
qu'il n'avait pas eu
une bonne idée.

– Je m'excuse, Mina... a murmuré Loulou. Je ne voulais pas faire une bêtise. J'essayais juste de réparer Bichouki.

– Pourquoi le réparer ? a demandé Mina. Il est cassé ?

– Mais oui, il est cassé ! s'est exclamé Loulou. Il ne remplit pas sa peau !

– Je vois, je vois, a répondu Mina. Mais… dis-moi donc, mon beau Loulou d'amour, as-tu déjà eu envie de me mettre dans la machine à laver ?

– Non ! a dit Loulou.
– As-tu déjà eu envie de me gonfler avec une pompe ?
– NON !

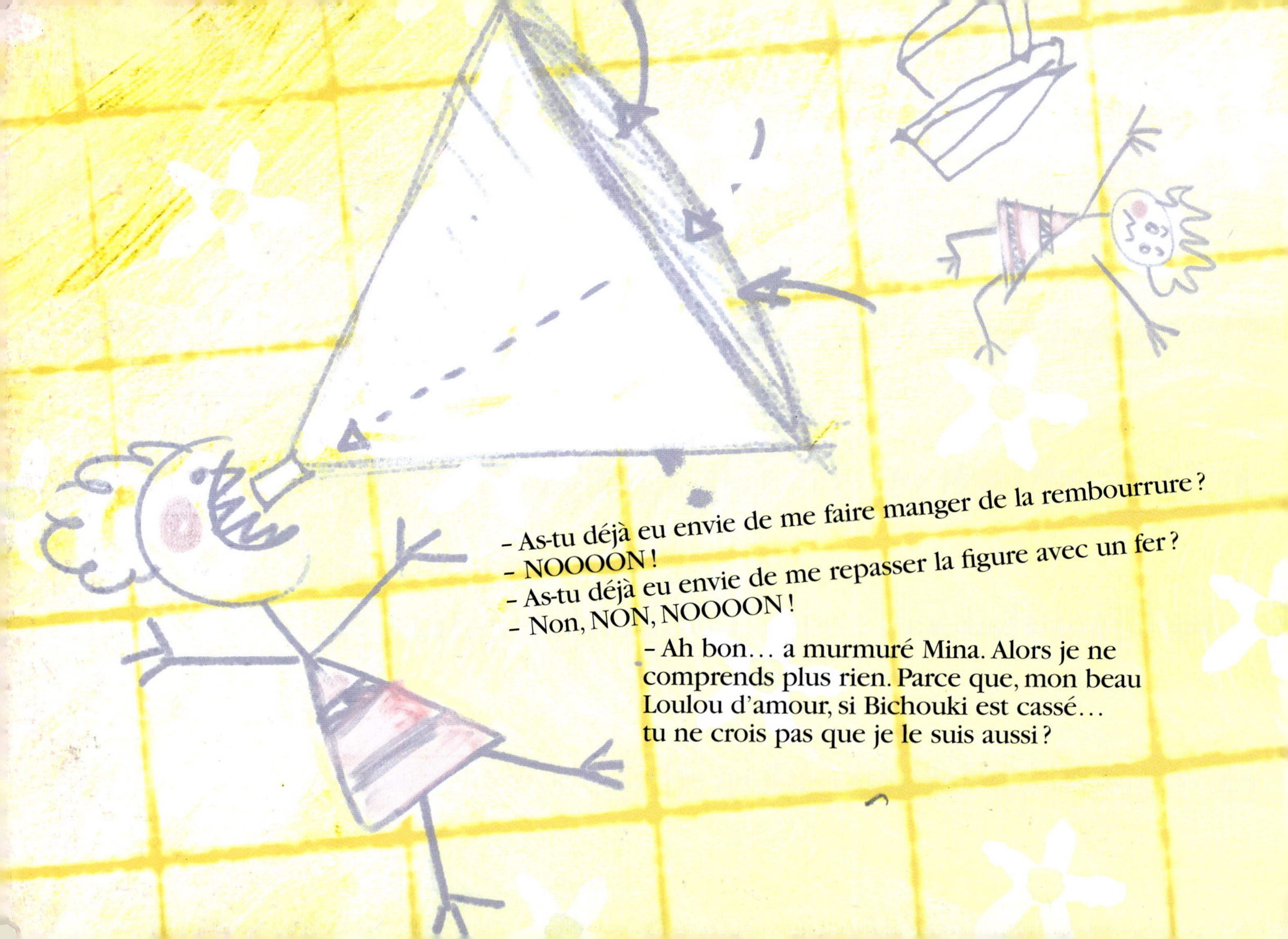

– As-tu déjà eu envie de me faire manger de la rembourrure ?
– NOOOON !
– As-tu déjà eu envie de me repasser la figure avec un fer ?
– Non, NON, NOOOON !

– Ah bon… a murmuré Mina. Alors je ne comprends plus rien. Parce que, mon beau Loulou d'amour, si Bichouki est cassé… tu ne crois pas que je le suis aussi ?

Fin

Imprimé à Hong Kong